深圳市城市轨道交通协会团体标准

导轨式胶轮系统全自动运行线路
初期运营安全评估基本条件

Basic conditions for safety assessment for initial operation of fully automatic-operating guideway rubber-tyred tram system

T/URTA 0005—2021

人民交通出版社股份有限公司

北 京

图书在版编目(CIP)数据

导轨式胶轮系统全自动运行线路初期运营安全评估基本条件：T/URTA 0005—2021 / 广州地铁设计研究院股份有限公司等主编. — 北京：人民交通出版社股份有限公司, 2023.1

ISBN 978-7-114-18435-2

Ⅰ.①导… Ⅱ.①广… Ⅲ.①导轨—电车—自动驾驶系统—运营—安全评价 Ⅳ.①U482

中国国家版本馆 CIP 数据核字(2023)第 001691 号

标准类型：深圳市城市轨道交通协会团体标准
标准名称：导轨式胶轮系统全自动运行线路初期运营安全评估基本条件
标准编号：T/URTA 0005—2021
主编单位：广州地铁设计研究院股份有限公司
比亚迪股份有限公司　等
责任编辑：李　坤
责任校对：赵媛媛　魏佳宁
责任印制：张　凯
出版发行：人民交通出版社股份有限公司
地　　址：(100011)北京市朝阳区安定门外外馆斜街 3 号
网　　址：http://www.ccpcl.com.cn
销售电话：(010)59757973
总 经 销：人民交通出版社股份有限公司发行部
经　　销：各地新华书店
印　　刷：北京交通印务有限公司
开　　本：880×1230　1/32
印　　张：1.25
字　　数：34 千
版　　次：2023 年 1 月　第 1 版
印　　次：2023 年 1 月　第 1 次印刷
书　　号：ISBN 978-7-114-18435-2
定　　价：22.00 元

深圳市城市轨道交通协会文件

深轨交协〔2021〕20 号

关于批准发布《导轨式胶轮系统全自动运行线路运营场景规范》等 3 项团体标准的通知

各有关单位：

依据《深圳市城市轨道交通协会团体标准管理办法》的有关规定，由深圳市城市轨道交通协会提出并归口管理的《导轨式胶轮系统全自动运行线路运营场景规范》(T/URTA 0003—2021)、《导轨式胶轮系统全自动运行线路运营管理规范》(T/URTA 0004—2021)、《导轨式胶轮系统全自动运行线路初期运营安全评估基本条件》(T/URTA 0005—2021) 等 3 项团体标准，已履行全部制定程序并通过专家组审查，现予批准发布，自 2021 年 9 月 28 日实施。

特此公告。

深圳市城市轨道交通协会

2021 年 9 月 28 日

目　次

前　　言

本文件按照 GB/T 1.1—2020《标准化工作导则　第 1 部分：标准化文件的结构和起草规则》的规定起草。

请注意本文件的某些内容可能涉及专利。本文件的发布机构不承担识别这些专利的责任。

本文件由深圳市城市轨道交通协会提出。

本文件由深圳市城市轨道交通协会归口。

本文件起草单位：广州地铁设计研究院股份有限公司、深圳市市政设计研究院有限公司、北京城建设计发展集团股份有限公司、林同棪国际工程咨询(中国)有限公司、深圳前海铁区投资咨询有限公司、深圳地铁国际投资咨询有限公司、深圳市东部城市轨道交通投资建设有限公司、深圳市龙岗区新轨道交通管理有限公司、深圳市龙华建设发展集团有限公司、重庆云巴轨道交通运营管理有限公司、深圳比亚迪轨道交通运营有限公司、比亚迪勘察设计有限公司、比亚迪通信信号有限公司、比亚迪建设工程有限公司深圳分公司、比亚迪股份有限公司。

本文件主要起草人(按姓氏笔画排序)：丁强、丁先立、万启波、马龙飞、马忠义、王田坡、王松权、王彦利、方东明、古宇标、龙伟海、田连生、田继强、史作璟、冯涛、冯京波、朱志伟、刘杨、刘倩、刘世雄、刘永波、刘伟华、刘汝光、刘其善、刘国政、刘秋生、刘晓迎、刘瑞联、刘德志、孙晓、麦为明、麦福荣、杜伟、李勃、李科、李慧、李文钦、李志辉、李国栋、李柏钊、李保林、李新程、杨帆、吴刚、吴金然、吴智利、邱明江、何飞、何全、何燕娜、余海涛、谷素斐、张昳、张涛、张静、张亚光、陈小林、陈伟斌、陈国芳、林钢、林跃明、林鸿全、卓开阔、卓文海、易洪、罗亮、赵伟、赵阳、赵娟娟、赵理想、钟文文、袁虎林、晏艳珍、徐晓波、高远、郭莉佳、郭淑萍、唐天恩、黄伟林、黄伟潮、黄志平、黄裕锋、崔英杰、康华玲、梁峰、蒋亚男、韩君怡、曾跃权、谢宗桀、谢建良、谢新华、廖文彬、滕秀霜。

本文件主要审查人：陈穗九、谢伟、汤石男、王强、生金文、葛纯、王肃伏、覃裔。

引　言

导轨式胶轮系统属于小运量城市轨道交通系统,有别于地铁、轻轨和有轨电车等其他制式的城市轨道交通系统,初期运营前安全评估基本条件的认定不能完全套用现有的规范,因此制定本文件。

本文件遵循行业主管部门颁布的城市轨道交通初期运营前安全评估相关要求,针对导轨式胶轮系统全自动运行线路特点编制。

本文件可作为导轨式胶轮系统全自动运行线路开通初期运营基本条件的认定,也可作为开通初期运营前安全评估的依据。

导轨式胶轮系统全自动运行线路初期运营安全评估基本条件

1 范围

本文件规定了导轨式胶轮系统全自动运行线路初期运营安全评估的工程条件、限界、土建工程、车辆、设备工程、综合车场、运营人员、运营组织、应急与演练、系统功能及检验的基本要求。

本文件适用于导轨式胶轮系统全自动运行线路开通初期运营安全评估基本条件的认定。

2 规范性引用文件

下列文件中的内容通过文中的规范性引用而构成本文件必不可少的条款。其中,注日期的引用文件,仅该日期对应的版本适用于本文件;不注日期的引用文件,其最新版本(包括所有的修改单)适用于本文件。

GB 3096 声环境质量标准

GB/T 7588(所有部分) 电梯制造与安装安全规范

GB 8978 污水综合排放标准

GB/T 15566.4 公共信息导向系统 设置原则与要求 第4部分:公共交通车站

GB/T 16275 城市轨道交通照明

GB 16899 自动扶梯和自动人行道的制造与安装安全规范

GB 50016 建筑设计防火规范

GB/T 50065 交流电气装置的接地设计规范

GB 50116 火灾自动报警系统设计规范

GB 50490 城市轨道交通技术规范

GB/T 50578 城市轨道交通信号工程施工质量验收标准

CJJ 183 城市轨道交通站台屏蔽门系统技术规范

3 术语和定义

GB/T 30013 界定的以及下列术语和定义适用于本文件。

3.1

导轨式胶轮系统 guideway rubber-tyred tram system

采用导轨式胶轮车辆作为乘客运载工具的系统。

3.2

行车调度员 traffic controller

负责正线及综合车场的行车组织、施工管理及应急指挥等工作的人员，集成了传统行车调度员与车场调度员的岗位职责以及乘务员与站务员的部分职责。

3.3

设备调度员 equipment controller

负责全线设备设施统一调度管理，组织实施设备设施保养、检修及故障抢修等工作的人员，集成了传统维修调度员、车辆调度员、环控调度员及电力调度员的岗位职责。

3.4

乘客调度员 passenger controller

负责热线接听，受理投诉、咨询，实现远程客服指导，运营信息收发及客服广播管理等工作的人员，集成了传统信息调度员与客服专员的岗位职责。

3.5

司乘人员 driver and conductor

负责车站及列车客服组织、现场运行监控、应急处置等工作的人员,集成了传统乘务员与站务员的岗位职责。

3.6

轨道梁　track beam

承受导轨式胶轮车辆动载和静载,并实现走行和导向功能的钢筋混凝土结构或钢结构。

3.7

综合车场　integrated depot

设有车辆停车线、检修线、洗车线等设施,承担车辆的日常停放、充电、维护、检修和清洁作业,承担设备、机具及工程车的维修作业,并兼具行政、技术和物资管理的综合场所。

3.8

疏散通道　emergency passageway

设置在区间轨道梁的"凹"形结构中部,用于乘客应急逃离列车时起疏散作用的人行通道。

3.9

全自动运行区域　fully automatic operation area

具备列车自动进站停车、自动开关门、自动发车、自动折返、自动出入场、休眠、唤醒、自动调车和自动洗车等全自动运行功能的区域。一般包括正线、折返线、渡线、停车线、出入场线、洗车线。

3.10

非全自动运行区域　not fully automatic operation area

不具备全自动运行功能的区域。一般包括检修线。

3.11

人员防护开关　staff protection key switch

设置于室内或轨旁,为运营人员、维修人员或其他工作人员进入全自动运行区域提供安全防护的信号系统开关。人员防护开关激活后,全自动运行系统为其建立安全防护分区,分区内的列车立即停车或保持静止状态无法发生移动,分区外的列车不允许进入分区内。经由安全防护分区的所有列车及调车进路始端信号机不允许开放,已开放的信号应立即关闭。经由安全防护分区的保护区段状态设置为“未锁闭”。

3.12

休眠　sleep

对停放于综合车场停车线、正线停车线或终端折返线指定区域的列车,对除休眠唤醒单元及车地通信设备外的整列车设备进行断电的一种作业。

3.13

唤醒　awake

对休眠列车上电并完成上电自检、静态测试、动态测试等的一种作业。

4　缩略语

以下缩略语适用于本文件。

ATO:Automatic Train Operation,列车自动运行系统

ATP:Automatic Train Protection,列车自动防护系统

ATS:Automatic Train Supervision,列车自动监控系统

BAS:Building Automation System,环境与设备监控系统

CI:Computer Interlocking,计算机联锁系统

FAO:Fully Automatic Operation,全自动运行

FAS:Fire Alarm System,火灾自动报警系统

GoA:Grade of Automation,自动化等级

SIL:Safety Integrity Level,安全完整性等级

SPKS:Staff Protection Key Switch,人员防护开关

TCMS:Train Control and Monitor System,列车控制及监控系统

ZC:Zone Controller,区域控制器

5 工程条件

5.1 工程验收

5.1.1 工程项目按规定联调联试、竣工验收合格,验收发现的影响运营安全和基本服务质量的问题应整改完成。

5.1.2 有甩项工程的,甩项工程不应影响初期运营安全和基本服务水平,并有明确范围和计划完成时间。

5.2 试运行

5.2.1 试运行后,应形成试运行情况报告,报告内容应包括试运行组织基本情况、试运行期间主要设施设备运行情况和相关数据记录、试运行发现问题整改情况等。

5.2.2 试运行期间,各列车累计在线运行里程不应少于 1500 km。

5.2.3 试运行时间不得少于 90 d,其中按照初期运营开通时列车运行图连续组织行车 20 d 以上且运行关键指标应符合下列规定,指标计算方法符合附录 A 的规定:

a) 列车运行图兑现率:不低于 99%;

b) 列车正点率:不低于 98.5%;

c) 列车服务可靠度:不低于 6 万列公里/次;

d) 列车退出正线运营故障率:不高于 0.3 次/万列公里;

e) 车辆系统故障率:不高于 1 次/万列公里;

f) 信号系统故障率:不高于 1 次/万列公里;

g) 供电系统故障率:不高于 0.2 次/万列公里;

h) 站台门故障率:不高于 0.6 次/万次;

i) 列车退出全自动运行模式率:不高于 2%;

j) 列车唤醒自检成功率:不低于 98%;

k) 传输系统不出现系统瘫痪,不发生影响系统运行的故障;

1) 车地无线系统不出现系统瘫痪,不发生影响系统运行的故障。

5.2.4 贯通运营的延伸线工程项目应按全线运行图开展试运行,除供电系统故障率、站台门故障率按延伸区段统计外,其余关键指标应按全线统计。

6 限界

6.1 区间、车站和综合车场轨行区的构筑物、设备和管线的限界应符合设计要求。

6.2 正线、车站及综合车场应通过限界检测和验收,设施、设备应无侵界现象。

7 土建工程

7.1 轨道梁与道岔

7.1.1 轨道梁间、轨道梁与道岔之间应设伸缩缝,伸缩缝除应保证梁体能自由伸缩外,还应保证车辆走行轮和导向轮的走行面平顺连接。

7.1.2 轨道梁走行面应采取防止车轮打滑和空转的措施。

7.1.3 轨道梁疏散通道应能兼具区间检修通道功能,满足安全运营要求。

7.1.4 轨道梁疏散通道应有相应设施保证乘客安全疏散到站台。

7.1.5 线路尽端应设置车挡,车挡占用线路的安装长度应符合设计要求。设在正线、折返线和试车线的车挡应能承受列车以15 km/h速度撞击的荷载,设在综合车场的车挡应能承受列车以5 km/h速度撞击的荷载。

7.1.6 线路应具备线路标识、信号标识。

7.1.7 道岔系统设备应符合故障-安全原则，且安全完整性等级应达到 SIL4。

7.1.8 道岔设备应符合室外使用条件，金属构件表面应进行防锈蚀处理。

7.1.9 道岔应满足车辆相关技术条件和参数的要求。

7.1.10 道岔平台应排水畅通，道岔区应无积水。

7.1.11 道岔在锁定状态下应能承受车辆竖向荷载、横向荷载、离心力及风荷载等荷载的反复作用，具有足够的强度、刚度及抗倾覆的能力。

7.2 建筑与结构

7.2.1 车站出入口应设置满足消防疏散、灯光照明、安全通行要求的直通地面的出入通道，并与周边道路联通。

7.2.2 车站内安全警示标识、导向标识、无障碍设施等应设置齐全，功能完好。车站禁入区域应有明确标识，并设有阻挡外界人、物进入的防范设施。

7.2.3 车站的站厅、站台公共区、楼梯口、扶梯口和出入口等处设置的栏杆应安装牢固。

7.2.4 车站、区间、综合车场等建筑消防设施应配备齐全，符合设计要求，满足国家现行有关标准规定。

7.2.5 临近机动车道的墩柱应设置防撞设施，跨越行车道桥下净空应根据道路等级和限高要求设置限高设施和警示标识。

8 车辆

8.1 车辆应符合用户需求及设计要求，并具有出厂合格证明。

8.2 车辆应确保在寿命周期内正常运行时的行车安全和人身安全，并具备故障、事故情况下对人员和车辆救助的条件。

8.3 车辆应具有超速保护、紧急制动、车门安全联锁、车门障碍物探测、车辆障碍物检测、列车联挂救援等功能的测试合格报告。

8.4 车辆应完成型式试验、例行试验,具备测试报告。对于试验中发现的影响行车安全和客运服务的车辆故障应完成整改。

8.5 车辆应进行蓄电池、动力电池测试,并具备测试合格报告。蓄电池应满足紧急状态下照明、广播、通信等行车安全相关设备的用电要求。

8.6 车辆应完成正线和综合车场全自动运行区域全自动运行功能的调试。

8.7 车辆车门应具备故障下或通信中断情况下就地打开的能力。

8.8 车内安全标识、引导标识、无障碍设施、广播设备、灭火器、乘客紧急对讲装置、车门紧急解锁装置、逃生门装置等应设置齐全。

8.9 车辆应具有胎压监测功能。

8.10 车辆应有相关措施确保列车不会脱轨。

8.11 车辆各电气设备金属外壳或箱体应采取保护性接地措施。

8.12 车内非乘客使用的重要设备或设施应具有锁闭措施。

8.13 车辆应设置火灾报警设备且功能正常。

8.14 列车运行引起的噪声影响,应符合 GB 3096 的有关规定。

9 设备工程

9.1 供电系统

9.1.1 变电所内设备、电力监控系统、充电系统、动力照明系统、接地装置和供电电缆等各类设备和器材应符合 GB 50490 的规定。

9.1.2 供电系统应具有支援供电、充电系统、变电所 400 V 低压备自投等功能测试报告。

9.1.3 电力监控系统应实现对全线供电系统设备的遥控、遥信和遥测的功能。

9.1.4 供电系统的供电容量应满足最大需求负载，应完成主要电气元件、开关的整定值校核，并提供校核报告。

9.1.5 应急照明、应急电源和电能计量装置的配置应符合 GB 50490 的有关规定；照明设备的照度应符合 GB/T 16275 的有关规定，且不得影响信号灯的可辨认性；应急照明系统应具备测试合格报告。

9.1.6 供电系统与城市电网的管理分界处的隔离开关或断路器应满足运行要求。

9.1.7 交流电气设备的接地、变电所接地装置的接触电压和跨步电压应符合 GB/T 50065 的有关规定。

9.1.8 变电所接地、安全标识应齐全、清晰，安全工具试验合格、配置齐全、放置到位，电缆孔洞应封堵，安装防鼠板，电缆应悬挂走向指示牌。

9.1.9 变电所内、外部设备间应整洁，电缆沟及电缆通道内应清洁、无杂物。变电所外部通道应满足消防要求，具备巡视和检修条件。

9.2 通信系统

9.2.1 无线调度、广播等重要语音应录音，录音保存时间不应少于 30 d。

9.2.2 通信电源应具有集中监控管理功能，并应保证通信设备不间断、无瞬变地供电；通信电源的后备供电时间不应少于 2 h。

9.2.3 广播系统应具备自动和人工播音功能，广播系统、乘客信息系统、视频监控系统应具备紧急操作装置激活、火灾报警等紧急情况下的联动功能。

9.2.4 车站公共区和车厢内部应配置信息显示屏、广播扬声器、乘客服务对讲设备；运营控制中心应配置广播主机、信息播控设备和乘客服务对讲主机。

9.2.5 视频监控系统在车站、车厢内部和区间应实现全覆盖监控,视频存储时间应满足非公共区域存储 30 d、公共区域存储 90 d 的要求。

9.2.6 时钟系统应为运营提供统一的标准时间信息。

9.2.7 通信系统应具有车地无线通信、列车到站自动广播和到发时间显示、与主时钟系统接口通信、换乘站基本通信等功能测试合格报告。

9.2.8 无线调度系统、广播系统等系统应通过测试,并具备测试合格报告。

9.2.9 无线调度系统应实现调度人员、司乘人员和维修人员等人员之间语音通信功能,信号覆盖测试合格。

9.2.10 专用通信传输系统应以光纤通信为主,并满足各接入业务系统传输带宽需求。

9.2.11 通信主干网络、车地无线通信系统关键设备应冗余配置。

9.2.12 通信系统应通过 144 h 运行测试。

9.3 信号系统

9.3.1 信号系统应具备 GoA4 等级运行功能,系统基本功能见附录 B。

9.3.2 信号系统应满足列车全自动运行要求,具备列车自动唤醒、休眠、自动出入车场、自动行驶、自动开关门等功能,并具有功能测试合格报告。

9.3.3 信号系统应具备列车自动防护功能和列车自动监控功能,并应符合 GB 50490、GB/T 50578 的有关规定。

9.3.4 设备机房温度、湿度应满足安全运行要求,并具有防电磁干扰测试合格报告。

9.3.5 列车定位精度应满足行车控制的要求。

9.3.6 信号系统应具备安全冗余结构,系统设备应满足安全行车设备技术要求,涉及行车安全的设备应符合故障-安全原则,安全完整性等级应满足表 1 的要求。

表1 信号系统安全完整性等级要求

子 系 统	安全完整性等级
列车自动防护(ATP)子系统	SIL4
计算机联锁(CI)子系统	SIL4
计轴设备	SIL4
列车自动监控(ATS)子系统	SIL2
列车自动运行(ATO)子系统	SIL2

9.3.7 信号系统应具有列车降级运行功能。

9.3.8 信号系统应完成信号系统各子系统之间、信号系统与关联系统的联调及动态调试,包括安全进路防护、安全间隔防护、安全速度防护、列车追踪安全防护、车站扣车和跳停、列车车门安全防护、站台紧急停车按钮安全防护、站台门安全防护、车门与站台门联动、列车折返能力、列车退行安全防护、人员防护开关防护等测试,并具有完整的信号系统验收及联调、动态调试合格报告。

9.3.9 信号系统应具备可投入初期运营的安全评估报告和安全评估证书;对证书的限制项,应制定安全防护措施。

9.3.10 信号系统应满足信息安全三级等级保护要求。

9.3.11 信号系统应通过144 h运行测试。

9.4 自动售检票系统

9.4.1 自动售检票系统终端设备应根据客流规模进行配置。

9.4.2 自动售检票系统宜支持现金和第三方移动支付等购票方式。

9.4.3 自动售检票应进行压力测试、与火灾自动报警系统联动测试,系统终端设备应进行金属外壳漏电保护和可靠接地的测试,并具备测试合格报告。

9.4.4 自动售检票系统应通过144 h运行测试。

9.5 综合监控系统

9.5.1 综合监控系统应采用一级管理、二级控制的集中管理与控制模式。

9.5.2 综合监控系统宜集成列车自动监控、列车管理、电力监控、视频监控、环境与设备监控、火灾自动报警、站台门、广播、乘客信息、门禁等系统,以及互联自动售检票、时钟等系统。

9.5.3 综合监控系统应具备对全线列车调度和监控、乘客调度与乘客紧急对讲、电力调度、机电设备监控和报警、火灾联动等功能,并满足消防要求。

9.5.4 全自动运行时,综合监控系统应能采集车辆、信号、通信、供电、机电、售检票、站台门等主要设备系统的实时信息,实现场景化的自动联动功能。

9.5.5 综合监控系统宜完成安全等级保护测评,系统安全完整性等级应达到 SIL2。

9.5.6 综合监控系统应完成与信号、站台门、通信、火灾自动报警等系统联调测试,具备功能测试合格报告。

9.5.7 综合监控系统应通过 144 h 运行测试。

9.6 火灾自动报警系统

9.6.1 火灾自动报警系统应符合 GB 50116 的有关规定。

9.6.2 综合车场、变电所、运营控制中心、车站等建筑物应设有火灾自动报警系统。

9.6.3 火灾自动报警系统应具备公共区、设备区火灾联动功能。

9.6.4 火灾自动报警系统宜通过 144 h 运行测试。

9.7 电梯、自动扶梯

9.7.1 电梯应符合 GB 7588 的有关规定,自动扶梯应符合 GB 16899 的有关规定。

9.7.2 电梯与自动扶梯应通过调试和安全测试,获得安全检验合格证,具有明显的安全警示和使用标识。

9.7.3 电梯井道、自动扶梯巷道内应无杂物和易燃物。

9.8 通风空调系统

9.8.1 通风空调系统应符合 GB 50490 的有关规定。

9.8.2 通风管路应清洁、无杂物。

9.9 给排水及消防系统

9.9.1 给排水及消防系统应符合 GB 50016 和 GB 50490 的有关规定。

9.9.2 消防器材及相关设备应配置齐全,满足消防要求,消火栓箱门应有闭锁装置。

9.9.3 给水系统应满足生产、生活、消防、运营维护用水对水量、水压和水质的要求。

9.9.4 排水系统接入市政排水系统,污水排放应符合 GB 8978 的有关规定,排水设施应满足设计要求,地面井盖设施应齐全、完好。

9.9.5 车站、综合车场各类集水池、水沟应无杂物。

9.9.6 给排水各类管线严禁侵入限界。

9.10 站台门

9.10.1 站台门应符合 CJJ 183 的有关规定。

9.10.2 站台门应具备手动、就地控制盒、就地控制盘、系统级控制开/关门功能。

9.10.3 站台门应具有后备电源,并应满足自动切换要求。

9.10.4 站台门应有明显的安全标识。

9.10.5 站台门应通过单门 5000 次开/关门功能测试;应完成系统调试,具有与综合监控系统、信号系统的接口功能,并具有站台门控制系统和信号系统的接口测试报告;应具有门体绝缘和接地绝缘、站台门乘客保护测试合格报告。

9.10.6 站台门系统安全完整性等级应达到 SIL3。

10　综合车场

10.1　综合车场应配备办公用房、生产设施、抢险设施及生活设施，满足运营需求及环保要求。

10.2　控制中心防灾指挥、客运管理、维修施工和信息管理等设施布局、功能、人机界面等应满足运营需要。

10.3　控制中心应设置视频监控及门禁等安防措施；应设置物资存放区域，按存放物品的不同性质分区设置。

10.4　综合车场应具备配属列车停放、调试、充电、检修、清扫、洗车等条件。

10.5　列车检修线的检修作业平台、安全保护分区和安全防护设施应具备使用条件。

10.6　综合车场安全生产标识标牌应安装到位，周界围蔽应满足封闭管理要求。

10.7　综合车场全自动运行区域和非全自动运行区域之间应严格分区，全自动运行区域和非全自动运行区域的转换区域应满足驾驶模式转换需要。

10.8　全自动运行区域应为全封闭区域，宜每 2 股道或者 3 股道设置为一个物理防护分区，宜在通往各防护分区的出入口处设置门禁控制人员的进出，并应设置人员防护开关。

10.9　停车线、转换线、洗车线的长度设置应满足列车全自动运行的要求。

10.10　综合车场应有不少于两个具备使用条件并与外界道路相通的出入口，满足消防疏散要求。

11　运营人员

11.1　总体要求

11.1.1　运营单位主要负责人和安全生产管理人员应按规定接

受安全培训,初次安全培训时间不少于32学时。

11.1.2 司乘人员、调度人员等重要岗位人员应通过安全背景审查,司乘人员应通过心理测试。

11.1.3 运营人员在岗期间应按规定着装、佩戴服务标识。

11.1.4 运营各岗位人员需取得相应资格证。

11.2 调度人员

11.2.1 调度人员应经过系统岗位培训,考核合格并持证上岗。

11.2.2 值班主任应由具有丰富行车调度工作经验的人员担任,并熟悉设备调度员、乘客调度员等岗位工作内容和流程。

11.2.3 行车调度员应接受调度工作规则、行车组织规程、客运组织规程、施工管理规程等内容培训,完成不少于180学时的理论知识培训和不少于350学时的岗位技能培训。

11.2.4 设备调度员应接受电力作业安全规则、导轨式胶轮系统各专业设备的操作规程及其故障和事故应急处置等内容培训,完成不少于150学时的理论知识培训和不少于370学时的岗位技能培训。

11.2.5 乘客调度员应接受列车和车站的客流监控及视频通话、客运调度和客运设备的管理等内容培训,完成不少于150学时的理论知识培训和不少于180学时的岗位技能培训。

11.3 司乘人员

11.3.1 司乘人员应接受列车驾驶、车站运作、乘客服务、票务服务、车站及列车设备故障应急处理等专业技能培训,完成不少于140学时的理论知识培训和不少于110学时的岗位技能培训,考核合格并持证上岗。

11.3.2 司乘人员应具备一定的急救技能。

11.3.3 司乘人员驾驶或操作列车应符合下列规定:

a) 接受安全驾驶知识、行车设施设备知识、行车组织规程等内容的培训。上岗前接受驾驶车型的基本构造、一般故障处理及所行线路的行车组织和应急处置等内容的培训。

b) 接受车辆故障、火灾等险情的模拟操作训练，并在列车驾驶经验丰富的人员的指导和监督下，驾驶里程不少于2000 km。

11.4 维修人员

11.4.1 设备维修人员应经过系统岗位培训，完成不少于80学时的理论知识培训和不少于180学时的岗位技能培训，通过理论知识考试和岗位技能考试并持证上岗。

11.4.2 特种设备作业人员应取得相关部门颁发的特种设备作业人员证并持证上岗。

12 运营组织

12.1 总体要求

运营单位应具有与运营管理模式和任务相适应的组织架构，并设置行车组织、客运服务、设施设备维护、技术管理和安全生产管理等部门，各岗位人员应到位并满足运营需求。

12.2 规章制度

初期运营前应建立下列规章制度：

a) 运营服务标准化管理类：包括运营通用服务、行车组织、客运组织标准、各岗位的工作指引和管理流程等；

b) 行车及机电设备管理类：包括设备设施的基础管理、故障管理、维保要求及委外维保管理等规定；

c) 安全及应急管理类：包括安全管理、应急预案及演练、突发事件处置事项及流程等规定。

12.3 行车组织

12.3.1 运营单位应按设计要求配属车辆，初期运营所需的列车应全部到位,运用车、备用车数量满足运输组织调整需要。

12.3.2 运营单位应根据初期运营线路设计运能、车辆配属、客流预测、设备技术条件、列车运行与折返时间、列车轮换充电等因素,编制列车运行计划和行车组织方案,明确轨行区管理、施工组织和非正常行车等内容。

12.3.3 初期运营最小行车间隔不宜大于5 min。

12.4 客运组织

12.4.1 运营单位应结合工程可行性研究报告的客流预测、沿线客流因素变化、与本线关联的既有线路客流等情况组织编制初期运营客流分析报告。

12.4.2 运营单位应根据行车计划、车站设施设备和客流情况等编制客运组织方案。

12.4.3 运营单位应做好初期运营的服务宣传工作,吸引客流并通过多种形式引导文明乘车、安全乘车等。

12.4.4 运营单位应设置受理和处理乘客投诉的有关部门。

12.4.5 运营单位应在车站明显位置公布首末班车时间。

12.4.6 运营单位应公布票价信息。

12.5 维保管理

12.5.1 采用委外维修方式时,运营单位应与委外维修单位签订委外维修协议。

12.5.2 运营单位应具有初期运营所需的工程竣工资料、设备系统技术规格说明书、操作手册、维修手册和各类软件等技术资料。

12.5.3 运营单位应建立设施设备系统及工艺设备的检修规程、操作规程、故障处理指南和维保管理制度等。

12.5.4 运营单位应制定检修施工管理制度,分级分类进行施工管控,规定施工作业请点和销点、施工作业安全防护、施工动火及工程车使用等要求。

12.5.5 运营单位应配备初期运营开通的维修保障物资。

12.6 安全管理

12.6.1 运营单位应建立安全生产管理机构和应急救援组织，安全生产责任制分解到岗位和人员，并配备专职安全生产管理人员；应健全安全管理体系，涵盖行车、调度、维修等风险管控内容。

12.6.2 按照规定划定线路安全保护区，根据土建工程验收资料勘界后制定保护区平面图，并在具备设置条件的保护区设置提示或警示标识。

12.7 交通组织与衔接

12.7.1 导轨式胶轮系统应与其他交通方式相互衔接，公交衔接宜与车站同步实施到位、同步投入使用。

12.7.2 导轨式胶轮系统车站50 m范围内宜设置人行通道等设施，200 m范围内的公交车站和主要路段宜设置清晰、醒目的导轨式胶轮系统车站指示标识。

12.7.3 公共信息导向系统应符合GB/T 15566.4的有关规定；换乘站、换乘通道应设置清晰、醒目的换乘指引标识；换乘设施应保持畅通。

13 应急与演练

13.1 应急管理

13.1.1 运营单位应与有关管理部门和单位建立突发事件应急联动机制。

13.1.2 运营单位编制的应急预案应满足各级政府应急预案的协同要求。

13.1.3 运营单位应编制包括总体预案、专项预案和现场处置方案在内的三级突发事件应急预案。专项预案主要包括运营突发事件应急预案、自然灾害应急预案、公共卫生事件应急预案和社会安全事件应急预案；总体预案应向相关主管部门备案。

13.2 应急演练要求

13.2.1 运营单位在初期运营前应进行下列应急演练：

a) 供电、通信、信号（含道岔故障处理）、车轮（胶轮爆裂）、站台门、电梯等设备故障应急处理演练；
b) 列车故障救援及乘客疏散（含列车到站疏散及区间疏散）等演练；
c) 火灾、爆炸事故处置演练；
d) 特殊天气应急处置演练；
e) 突发大客流应急处置演练；
f) 乘客滞留、乘客意外伤害应急处置演练；
g) 电话联系法行车组织应急演练。

13.2.2 运营单位应开展不少于1次相关应急处置机构参加的综合性应急演练。

13.3 应急组织与物资

13.3.1 运营单位应建立应急抢险队伍，熟练掌握应急救援预案、应急救援器材装备使用和应急救援要求。

13.3.2 运营单位应配备必要的应急救援物资，并建立相应的维护、保养和调用等制度，满足运营需要。

14 系统功能及检验

导轨式胶轮系统全自动运行线路开通初期运营前，应参照行业主管部门的相关要求，对照本文件的基本条件，完成初期运营前安全评估，对本文件提出的系统功能测试合格报告进行抽查测试检验，测试检验场景可参考附录C，场景具体内容参见T/URTA 0003。

附 录 A
（规范性）
运营指标计算方法

A.1 列车运行图兑现率

A.1.1 定义

统计期内,实际开行列车次数与列车运行图图定开行列车次数之比,实际开行的列车次数中不包括临时加开的列车次数。

A.1.2 计算方法

列车运行图兑现率的计算方法见式(A.1)。

$$A = \frac{N_1}{N_2} \times 100\% \qquad \cdots\cdots\cdots\cdots\cdots\cdots \text{(A.1)}$$

式中：

A ——列车运行图兑现率；

N_1——实际开行列车次数,即完成列车运行图中规定的列车开行计划的列车数量,单位为列；

N_2——列车运行图图定开行列车次数,即列车运行图中规定的开行列车数量,单位为列。

A.2 列车正点率

A.2.1 定义

统计期内,正点列车次数与实际开行列车次数之比。

A.2.2 计算方法

列车正点率的计算方法见式(A.2)。

$$B = \frac{N_3}{N_1} \times 100\% \quad \cdots\cdots\cdots\cdots\cdots\cdots \text{(A.2)}$$

式中：

B ——列车正点率；

N_3——正点列车次数，即统计期内，在执行列车运行图过程中，列车终点到站时刻与列车运行图计划到站时刻相比误差小于 2 min 的列车次数，单位为列。

A.3 列车服务可靠度

A.3.1 定义

统计期内，全部列车总行车里程与 5 min 以上延误次数之比，单位为万列公里/次。

A.3.2 计算方法

列车服务可靠度的计算方法见式(A.3)。

$$C = \frac{L}{N_4} \quad \cdots\cdots\cdots\cdots\cdots\cdots \text{(A.3)}$$

式中：

C ——列车服务可靠度，单位为万列公里/次；

L ——全部列车总行车里程，单位为万列公里；

N_4——5 min 以上延误次数，单位为次。

A.4 列车退出正线运营故障率

A.4.1 定义

统计期内，列车因发生车辆故障而必须退出正线运营的故障次数与全部列车总行车里程的比值，单位为次/万列公里。

A.4.2 计算方法

列车退出正线运营故障率的计算方法见式(A.4)。

$$D = \frac{N_5}{L} \quad \cdots\cdots\cdots\cdots\cdots\cdots\cdots\cdots \quad (A.4)$$

式中：

D ——列车退出正线运营故障率,单位为次/万列公里；

N_5 ——导致列车退出正线运营的车辆故障次数,即因发生车辆故障而导致列车必须退出正线运营的次数,单位为次。

A.5　车辆系统故障率

A.5.1　定义

统计期内,导致列车运行晚点 2 min 及以上的车辆故障次数与全部列车总行车里程的比值,单位为次/万列公里。

A.5.2　计算方法

车辆系统故障率的计算方法见式(A.5)。

$$E = \frac{N_6}{L} \quad \cdots\cdots\cdots\cdots\cdots\cdots\cdots\cdots \quad (A.5)$$

式中：

E ——车辆系统故障率,单位为次/万列公里；

N_6——导致列车运行晚点 2 min 及以上的车辆故障次数,单位为次。

A.6　信号系统故障率

A.6.1　定义

统计期内,信号系统故障次数与全部列车总行车里程的比值,单位为次/万列公里。

A.6.2　计算方法

信号系统故障率的计算方法见式(A.6)。

$$F = \frac{N_7}{L} \quad \cdots\cdots\cdots\cdots \quad (A.6)$$

式中：

F ——信号系统故障率，单位为次/万列公里；

N_7 ——信号系统故障次数，单位为次。

注：信号系统故障是指列车无法以自动防护模式运行、部分区段无速度码或发生道岔失去表示等非正常性的故障情况。

A.7 供电系统故障率

A.7.1 定义

统计期内，供电系统故障次数与全部列车总行车里程的比值，单位为次/万列公里。

A.7.2 计算方法

供电系统故障率的计算方法见式（A.7）。

$$G = \frac{N_8}{L} \quad \cdots\cdots\cdots\cdots \quad (A.7)$$

式中：

G ——供电系统故障率，单位为次/万列公里；

N_8 ——供电系统故障次数，单位为次。

注：供电系统故障是指造成部分区段失电或单边供电的供电故障。

A.8 站台门故障率

A.8.1 定义

统计期内，站台门故障次数与站台门动作次数之比，单位为次/万次。

A.8.2 计算方法

站台门故障率的计算方法见式（A.8）。

$$H = \frac{N_9}{N_{10}} \quad \cdots\cdots\cdots\cdots\cdots\cdots\cdots\cdots (A.8)$$

式中：

H ——站台门故障率，单位为次/万次；

N_9 ——站台门故障次数，即单个站台门无法打开或关闭记为站台门故障1次；多个站台门同时无法打开或关闭，故障次数按发生故障的站台门数量累计，单位为次；

N_{10} ——站台门动作次数，即单个站台门开启并关闭1次记为站台门动作1次，单位为万次。

A.9 列车退出全自动运行模式率

A.9.1 定义

统计期内，实际开行列车退出全自动运行模式次数与列车全自动运行模式图定开行列车次数之比，实际开行的列车次数中不包括临时调整的列车次数。

A.9.2 计算方法

列车退出全自动运行模式率的计算方法见式(A.9)。

$$I = \frac{N_{11}}{N_{12}} \times 100\% \quad \cdots\cdots\cdots\cdots\cdots\cdots (A.9)$$

式中：

I ——列车退出全自动运行模式率；

N_{11} ——实际开行列车退出全自动运行模式次数，单位为次；

N_{12} ——全自动运行模式图定开行列车次数，单位为次。

A.10 列车唤醒自检成功率

A.10.1 定义

统计期内，实际列车唤醒自检成功次数与图定计划列车唤醒自检次数之比,实际列车唤醒自检成功次数中不包括临时唤醒自检的列车次数。

A.10.2 计算方法

列车唤醒自检成功率的计算方法见式(A.10)。

$$J = \frac{N_{13}}{N_{14}} \times 100\% \quad \cdots\cdots\cdots\cdots\cdots\cdots \quad (A.10)$$

式中:

J ——列车唤醒自检成功率;

N_{13}——实际列车唤醒自检成功次数,单位为次;

N_{14}——图定计划列车唤醒自检次数,单位为次。

附 录 B
（资料性）
半/全自动运行系统基本功能

表 B.1 列出了半/全自动运行系统的基本功能。

表 B.1 半/全自动运行系统基本功能

<table>
<tr><td colspan="2" rowspan="2">列车运行基本功能要求</td><td>半自动运行系统</td><td>全自动运行系统</td><td>全自动运行系统</td></tr>
<tr><td>GoA2</td><td>GoA3</td><td>GoA4</td></tr>
<tr><td rowspan="8">列车驾驶与监控</td><td>唤醒</td><td>—</td><td>系统</td><td>系统</td></tr>
<tr><td>休眠</td><td>—</td><td>系统</td><td>系统</td></tr>
<tr><td>列车蠕动模式运行</td><td>—</td><td>人工或系统</td><td>系统</td></tr>
<tr><td>进站停车</td><td>系统</td><td>系统</td><td>系统</td></tr>
<tr><td>列车状态远程监控</td><td>—</td><td>系统</td><td>系统</td></tr>
<tr><td>车辆制动系统故障处理</td><td>人工或系统</td><td>人工或系统</td><td>系统</td></tr>
<tr><td>列车紧急制动缓解</td><td>人工或系统</td><td>人工或系统</td><td>系统</td></tr>
<tr><td>远程紧急制动与缓解</td><td>—</td><td>人工或系统</td><td>系统</td></tr>
<tr><td rowspan="8">运营管理与监督</td><td>早间上电</td><td>人工</td><td>系统</td><td>系统</td></tr>
<tr><td>出库</td><td>人工</td><td>系统</td><td>系统</td></tr>
<tr><td>进入正线服务</td><td>人工或系统</td><td>系统</td><td>系统</td></tr>
<tr><td>停止正线服务</td><td>人工或系统</td><td>系统</td><td>系统</td></tr>
<tr><td>回库</td><td>人工</td><td>人工或系统</td><td>系统</td></tr>
<tr><td>扣车</td><td>人工或系统</td><td>系统</td><td>系统</td></tr>
<tr><td>跳停</td><td>人工</td><td>系统</td><td>系统</td></tr>
<tr><td>折返换端</td><td>人工或系统</td><td>系统</td><td>系统</td></tr>
</table>

表 B.1　半/全自动运行系统基本功能(续)

列车运行基本功能要求		半自动运行系统	全自动运行系统	全自动运行系统
		GoA2	GoA3	GoA4
运营管理与监督	车场内自动转线	人工	人工或系统	系统
	雨雪模式	—	人工或系统	系统
监督乘客乘车	站台发车	人工	系统	系统
	再关车门/站台门控制	人工	人工或系统	系统
	清客	人工	人工或系统	人工或系统
设备及自动化区域检测	障碍物检测	人工	人工或系统	系统
	SPKS 设置	—	系统	系统
	列车启动指示灯设置	—	系统	系统
	FAO 模式指示灯设置	—	系统	系统
紧急状态的检测与运行设置	紧急呼叫	人工	人工或系统	系统
	紧急操作装置	—	系统	系统
	车辆火灾监控及系统联动	人工和系统	人工或系统	系统
	车站火灾监控及系统联动	人工和系统	系统	系统
	区间火灾监控及系统联动	人工和系统	系统	系统
	车门状态丢失处理	人工	人工或系统	系统
	站台门状态丢失处理	人工	系统	系统
	救援	人工	人工	人工或系统
	区间疏散(含逃生门管理)	人工	人工	人工或系统

注 1:半自动运行系统中:—表示不适用;"系统"表示单系统功能(如车辆)或部分系统实现的联动功能(如 FAS、BAS 联动);"人工"表示需要运营人员完成或应急处置完成的功能。

注 2:全自动运行系统中:"系统"表示由 FAO 自动完成或经控制中心/站台相关人员确认后联动完成的功能;"人工"表示需要运营人员完成或应急处置完成的功能。

附 录 C
（资料性）
全自动运行系统测试检验场景

全自动运行系统应测试检验的场景项目见表C.1。

表C.1 全自动运行系统测试检验场景

序号	测试检验场景	序号	测试检验场景
1	运营计划确认与下发	20	末班车运营
2	列车出库计划编制与下发	21	清客
3	综合车场准备	22	自动关站
4	续航管理	23	停止正线服务
5	唤醒	24	回库计划编制与下发
6	列车巡道	25	回库
7	自动开站	26	库门联动
8	出库	27	洗车
9	全自动驾驶模式转换	28	全自动运行区域至非全自动运行区域调车作业
10	进入正线服务		
11	区间运行	29	全自动运行区域转线作业
12	进站停车	30	非全自动运行区域转全自动运行区域作业
13	站台发车		
14	折返换端	31	列车清扫
15	扣车	32	列车检修
16	跳停	33	休眠
17	提前发车	34	列车充电计划确认与下发
18	列车加开	35	自动充电
19	运营计划变更	36	整侧车门无法正常开启

表 C.1　全自动运行系统测试检验场景(续)

序号	测试检验场景	序号	测试检验场景
37	整侧车门无法正常关闭	61	车载远程广播故障
38	一扇或多扇车门故障	62	车载视频监控故障
39	在区间时车门/逃生门打开	63	车载乘客对讲故障
40	动力电池亏电	64	整侧站台门无法正常开启
41	列车 TCMS 完全故障	65	整侧站台门无法正常关闭
42	胎压异常	66	一扇或多扇站台门故障
43	车辆烟火报警系统故障	67	站台门状态丢失
44	车辆故障复位控制	68	正线道岔故障
45	牵引系统故障	69	中央综合监控系统完全故障
46	车辆制动系统故障	70	授流装置动作不到位
47	车辆制动系统重故障	71	雨雪天气
48	中央 ATS 服务器完全故障	72	车站大客流
49	车载控制器完全故障	73	乘客紧急对讲
50	DCS 设备完全故障	74	车门紧急解锁装置激活
51	区域控制器完全故障	75	车门/站台门夹人夹物
52	联锁主机完全故障	76	人员非法侵入轨行区
53	计轴受扰与故障	77	区间因故停车
54	紧急停车按钮故障	78	区间疏散
55	人员防护开关装置故障	79	列车救援
56	进站欠标	80	列车障碍物探测
57	进站过标	81	列车冲突事故
58	远程限制驾驶模式	82	列车区间火灾
59	集群调度设备故障	83	车站火灾
60	车地无线通信网络故障		

参 考 文 献

[1] 交运规〔2019〕1号　城市轨道交通初期运营前安全评估管理暂行办法

[2] 交办运〔2019〕17号　城市轨道交通初期运营前安全评估技术规范　第1部分:地铁和轻轨

[3] GB/T 20907　城市轨道交通自动售检票系统技术条件

[4] GB/T 30012　城市轨道交通运营管理规范

[5] GB/T 30013　城市轨道交通试运营基本条件

[6] GB/T 38671　信息安全技术　远程人脸识别系统技术要求

[7] GB/T 50381　城市轨道交通自动售检票系统工程质量验收标准

[8] GB 50382　城市轨道交通通信工程质量验收规范

[9] GB/T 50636　城市轨道交通综合监控系统工程技术标准

[10] JT/T 1091　有轨电车试运营基本条件

[11] DBJ/T 15-172　胶轮有轨电车交通系统设计规范

[12] DBJ/T 15-173　胶轮有轨电车交通系统施工及验收规范

[13] SZDB/Z 10　深圳市轨道交通自动售检票系统通用技术条件

[14] T/URTA 0003　导轨式胶轮系统全自动运行线路运营场景规范